Weegee

1899–1968

Liebe Su,

viel Vergnügen mit dem Alt. meister des Sex and Crime u Fotografie

wünscht Dir [illegible]

Jan. 2002

Von Allan für S.H.P.

Umschlagbild: Coney Island; 33,9 × 26,8 cm

Konservatorische Betreuung: Andrea Szalay, Paris

Herausgeber und Gestalter: Allan Porter, Luzern

Übersetzung: Dieter W. Portmann, Baar

Erste Auflage 1991

Gesamtherstellung: Birkhäuser+GBC AG, Reinach
Printed in Switzerland

ISBN 3-905137-32-1

Weegee

1899–1968

photothema

10

U. Bär Verlag

BEWEISE

von Allan Porter

Er kauert auf einem schmalen Mauersims neben einer Feuertreppe irgendwo mitten in Manhattan. An dem Sims sind Eisenstangen befestigt, an denen ein riesiger Revolver aus chromglänzend bemaltem Holz hängt. Frank Lava heisst der Waffenschmied, und der Mann, der eben das Blitzgerät auf seine Speed Graphic-Kamera montiert, ist Arthur Fellig – besser bekannt unter dem Namen Weegee. Es handelt sich hier um ein Selbstporträt im bizarrsten Sinne, das in der Geschichte der Photographie ebenso einmalig ist wie der Mann selbst.

Ein Mann, der den Auf- und Untergang des «Film Noir»-Kinos miterlebte und in mancher Hinsicht zum Inbegriff der Pressephotographen wurde, wie sie in diesen Filmstreifen zu sehen waren. Seine Person war nur in zwei amerikanischen Hauptstädten bekannt: in Hollywood, der Filmhauptstadt, und in New York, der Hauptstadt der Sensations- und Boulevardpresse. In einigen Filmen spielte er sogar selbst die Rolle des Pressephotographen. In New York erschienen seine Aufnahmen der Opfer von Brutalität, Gewalt und paparazzoartiger Gesellschaft regelmässig auf den Titelseiten der Boulevardzeitungen. Wir sprechen von der Zeit von Dashiell Hammett, Damon Runyon und Erskine Caldwell. Weegee lungerte oft in den Bezirken im Herzen von Manhattan herum, und genau wie Philip Marlow, der Privatdetektiv, recherchierte er und wartete geduldig auf seine Verdächtigen – nur war er dort, um das Opfer oder den Tatverdächtigen zu photographieren. Ein Freund der Polizei und manchmal auch ein Freund des Volksfeindes, der wusste, dass sein Bild auf der Titelseite der «Daily News» erscheinen würde. Er sagte einst: «Die kleinen Fische wollen nicht photographiert werden, die grossen Fische hingegen lieben es.»

Weegee begann 1913 im Alter von 14 Jahren zu photographieren. Er war ein wahrer Meister des Magnesiumblitzes, und seine Laufbahn als brillanter Pressephotograph begann, als er seine erste Blitzlichtlampe bekam.

Damals schrieb Walter Benjamin: «Atget machte um 1900 Aufnahmen in den menschenleeren Strassen von Paris. Durchaus zu Recht wurde über ihn gesagt, er photographiere sie so, wie man Tatorte eines Verbrechens photographiere. Auch ein Tatort ist verlassen; er wird photographiert, um Beweise im Bild festzuhalten. Bei Atget werden Photographien zum Standardbeweis für historische Ereignisse und nehmen eine verborgene politische Bedeutung an. Sie verlangen eine ganz besondere Art der Betrachtung: freischwebende Kontemplation passt nicht zu ihnen. Sie rütteln den Betrachter auf; er fühlt sich von ihnen auf eine neue Art herausgefordert...» (Walter Benjamin, «Das Kunstwerk im Zeitalter seiner technischen Reproduzierbarkeit», Kapitel 6, Suhrkamp TB 28).

Es waren solche Beweise, welche Weegee seinem Gewerbe verkaufte, und dieser Art von Beweis blieb er in seinem gesamten Werk treu.

Das Sensationelle und das Verbotene waren die auflagenträchtigen Elemente, hinter denen die Boulevardblätter her waren und die sie mit Vorliebe auf ihren Titelseiten brachten. Weegee war stets zur Stelle und hielt die Mordopfer, ihre Angehörigen und die Mörder im Bild fest, in den Slums ebenso wie in der High Society. Was für eine Art von Photographie ist es nun, die Weegee und die Pressephotographie ganz selbständig und intim mit primitiven Motivationen entwickelten?

Ich habe mir verschiedene Bezeichnungen für diese besondere Art von Photographie überlegt, so zum Beispiel Momentus Interruptus, Abrupte Photographie, Photographus Abruptus, aber letzten Endes habe ich mich für Photographus Interruptus entschieden.

PHOTOGRAPHUS INTERRUPTUS

Photographieren mit einem Elektronenblitz ist für uns heute eine Selbstverständlichkeit. Wir drücken einfach auf den Auslöser einer automatischen Kamera, und das Computer-Auge des Verschlusses misst die Distanz, wählt die Belichtungszeit und synchronisiert den Blitz. Das Ergebnis ist eine perfekte Aufnahme. Aber das war nicht immer so, und zu Weegees Zeiten kam eben erst die Blitzlichtlampe auf, die nun das Abbrennen von Magnesiumpulver in entscheidenden Augenblicken erübrigte. Um die Mitte des vergangenen Jahrhunderts, genauer gesagt im Jahr 1860, setzte der berühmte französische Porträtphotograph Nadar anerkanntermassen als erster künstliches Licht ein. Er schleppte Material in die Katakomben und Kanäle von Paris, das einer Höhlenexpedition zur Ehre gereicht hätte. Fünfzehn Minuten lang belichtete er seinen Film im Schein von Bunsenbrennern. Ein paar Techniker und Wissenschaftler bekamen damals die Bedeutung seiner Arbeit mit, aber an die Öffentlichkeit drang sein Erfindungsgeist nie. Dank der Einführung von künstlichem Licht durch Nadar konnte der Betrachter nun Dinge reproduziert sehen, die er sonst nicht wahrnehmen konnte, weil die Filme nicht genug lichtempfindlich und die Blenden zu klein waren. Jetzt war es möglich, Sekundenbruchteile und Momente im Bild festzuhalten, und dadurch wurden neue existierende Augenblicke enthüllt. Ort, Gegenstand und Person waren «demaskiert». Dies heisst aber nicht, dass die Metamorphose in sich selbst die Wahrheit birgt, selbst wenn das Sehen an sich wahr und unretouchiert ist. Hier geht es nicht um Wahrheit im philosophischen Sinne, sondern um die abrupten, sekundenbruchteilhaften Abbildungen und/oder die unterbrochenen Momente des Lebens, unabhängig von seiner Wahrheit. Diese besondere Art der Photographie, die Weegee schuf, ist heute zu einer Kunstform geworden, der auch seine Zeitgenossen wie Lisette Model und die Studenten jener Generation huldigten, Diane Arbus, Larry Fink, Mark Cohen, Toby Old und Garry Winogrand, um nur einige zu nennen. Weegee brachte sozusagen als Vater dieses Photographus Interruptus sein Teil in den neuen Trend der klaren Photographie ein und bereitete den Weg zu den heutigen manipulierten und angepassten Formen.

Weegee, jüdischer Abstammung, wurde als Sohn österreichischer Eltern am 12. Juni 1899 im polnischen Złoczew unter dem Namen Usher H. Fellig geboren. Zehn Jahre später wanderte er zusammen mit seiner Mutter und seinen drei Brüdern in die USA aus. Auf Ellis Island, das er als schönsten Ort der Welt zu bezeichnen pflegte, änderte der Einwanderungsbeamte seinen Namen Usher in Arthur um. Der Vater war bereits in den USA, und sie feierten mit ihm an der Lower East Side von Manhattan Wiedersehen. Bis zu seinem achtzehnten Lebensjahr ging Weegee verschiedensten Beschäftigungen nach, damit die Familie genug zu essen hatte – denn alle mussten arbeiten, um leben zu können. So war er unter anderem Tellerwäscher im Automaten-Restaurant «Horn & Hardardt», Süssigkeitenverkäufer in Variétés und machte Ambrotypien von Kindern auf Ponys. In seinem autobiographischen Buch «Weegee über Weegee» erwähnt er seine Eltern kaum und seine Brüder nur am Rande, nämlich als Steuerleute auf dem Schiff, das sie nach Amerika brachte. Mit achtzehn verliess er sein Elternhaus, und obwohl er nie mehr in eine Synagoge ging, erinnerte er sich stets an Rosh Hashana (jüdisches Neujahr) und fastete jedes Jahr an Jom Kippur (jüdisches Versöhnungsfest).

Er nahm 1924 eine Stelle bei Acme Newspictures an, wo er hauptsächlich in der Dunkelkammer arbeitete, gelegentlich aber auch als Photograph einsprang. Daneben spielte er entweder Geige bei Stummfilmvorführungen in einem Theater an der Third Avenue oder streifte durch die Strassen und photographierte Feuersbrünste. Das Nachtleben faszinierte ihn, und die Brände, die bei der Feuerwehr höchste Alarmstufe auslösten, brachten ihm gutes Geld von den Nachrichtenagenturen ein. Er lebte sehr bescheiden in einer möblierten Einzimmerwohnung in einer Pension. Schliesslich wandte sich Weegee einer Laufbahn als freier Photograph zu und gab 1935 seine Stelle bei Acme auf, wo er 50 Dollar pro Woche verdient hatte.

Das Polizeihauptquartier Manhattan wurde sein neuer Standplatz. Ab 1942 führte er seine Ausrüstung mitsamt einer Dunkelkammer im Kofferraum seines Chevrolet Coupés mit und hörte den Verkehr am Polizeifunk mit, und dies – wie er behauptete – abgesehen von Walther Winchell, dem berühmten Radioreporter, als einziger mit polizeilicher Genehmigung.

Im Jahr 1938 nahm Arthur Fellig dann den Namen «Weegee» an; dabei handelte es sich um eine phonetische Wiedergabe des Wortes «Ouija». Ouija ist der Name eines in den 30er Jahren sehr beliebten Brettspiels, einer Alphabettafel. Bei diesem Spiel legte man seine Finger leicht auf einen mit Filz belegten Schieber, den man auf einem polierten Holzbrett mit Zahlen und Buchstaben hin und her schob. Vermutlich liess sich auf diese Weise die Zukunft vorhersagen, indem man zuerst eine Frage stellte und dann die Finger über die Buchstaben bewegte. Eine Art Tarot für die Armen. Und diese Methode, künftige Ereignisse vorauszusagen, gab er denn auch stets als Antwort auf die Frage, weshalb er immer zur richtigen Zeit am richtigen Ort sei, um die richtigen Dinge zu photographieren. Von 1940 bis 1944 arbeitete er für die Zeitung «PM», die ihm bei der Auswahl seiner Motive vollkommene Freiheit einräumte. Als 1945 sein Buch «Naked City» grossen Erfolg hatte, wurden das Museum of Modern Art und das Magazin «Vogue» auf ihn aufmerksam. Im Jahr 1947 ging er nach Hollywood, wo er sein zweites Buch, «Naked Hollywood», produzierte und in einigen Filmen kleine Nebenrollen, wie z.B. die des Pressephotographen, spielte. Danach kehrte er 1952 nach New York zurück und machte photographische Karikaturen von Politikern und Unterhaltungskünstlern. Von 1958 bis 1968 bereiste er Europa und verbrachte seine Zeit mit Vorträgen über Photographie und Film und mit Buchprojekten. Er starb am 26. Dezember 1968 in Manhattan.

Weegees kühl berechnende Arbeitsweise, sein Witz, sein Zynismus und seine sachliche Einstellung zur Arbeit zeugen davon, dass er sein Leben lang jener moralistische Mensch blieb, der er von Natur aus war. Als Kind der Not hatte er – wie viele andere Kinder seiner Generation – im Moralunterricht von den sieben Todsünden in dieser neuen Welt gehört: Gier, Wollust, Neid, Eifersucht, Übermass, Wut und Untätigkeit. Und diese Todsünden versuchte er in seinen Photographien darzustellen. Weegees Aufnahmen sind scharfsinnig, aber auch leicht verständlich, genial, aber auch naiv, tiefschürfend, aber auch oberflächlich. Seine eigenen Gegensätze und seine widersprüchliche, durch moralische Grösse ausgezeichnete Natur ermöglichten es ihm, seine geliebt-gehassten Themen – Verbrechen und Gesellschaft – aggressiv anzupacken und seine ungewöhnlichen Bilder zu schaffen.

Sämtliche Photographien wurden in den 40er und 50er Jahren aufgenommen und gehören zur Sammlung von Hendrik A. Berinson, Berlin.

Dank an Wilma Wilcox, New York, Kuratorin der Weegee Collection.

Auf der Lauer
20,7 × 25,4 cm

FRANK LAVA
GUNSMITH
REVOLVERS
BOUGHT • SOLD & REPAIRED
6

An der Bar
35,6 × 28,5 cm

Lebende Kanonenkugel
34,1 × 27,1 cm

Cafeteria am East Broadway
24,6 × 28,4 cm

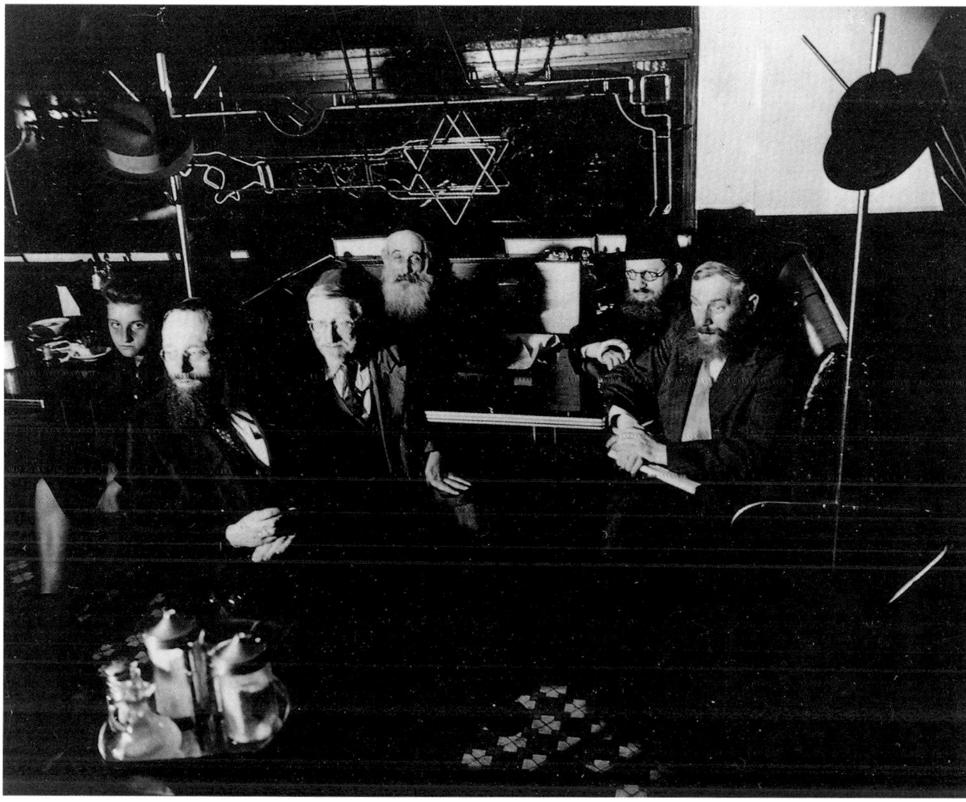

Auszüge aus einem Interview, das der Photograph Louis Stettner in den 50er Jahren mit Weegee führte.

Also, als ich 14 war, verliess ich die Schule. Damals konnte man in diesem Alter seine Arbeitspapiere bekommen, und die erste Stelle, die ich bekam, war in einem kommerziellen Photostudio. Ich war 14 Jahre alt, und dieses Studio spezialisierte sich. Sie machten 8 × 10 Zoll grosse Photos, die handkoloriert werden, für Vertreter, die auf ihre Tournee gingen. Dieses Studio spezialisierte sich auf Messingbetten, die damals sehr beliebt waren, sehr prunkvolle, dekorative Kronleuchter und Leichenhemden. Meine Aufgabe war es, die Betten zu verschieben, die Kronleuchter aufzuhängen und die Leichenhemden mit alten Zeitungen auszustopfen.

Kleinwüchsiger
35,5 × 28,5 cm

Als ich anfing, verkaufte ich meine Aufnahmen natürlich zunächst für 5 Dollar, sehr gut; als ich dann besser wurde, stiegen meine Preise. Eines Tages erhielt ich beispielsweise einen Anruf von der Zeitschrift «Seventeen». Ich fuhr hin, und sie wollten eine Aufnahme von einem jugendlichen Straffälligen. In diesem Falle war es ein Mädchen. Nun sind ja alle Mädchen jugendliche Straffällige, oder sie werden oder wurden als solche erzogen. Ich kam bei «Seventeen» an, sehr luxuriöse Büros, wissen Sie, und ich dachte mir, die haben Kohle, vielleicht kein Talent, aber ganz bestimmt Kohle. Die Redaktorin war eine Frau, eine sehr schöne Frau, ein bisschen zu hoch für mich, wissen Sie. Es gab Formalitäten zu erledigen wie Papiere unterzeichnen und so weiter. Sie sagte: «Mr. Weegee, Ihr Bild gefällt uns, wieviel müssen wir dafür bezahlen?»

Präsident F. D. Roosevelt und New Yorks Bürgermeister La Guardia
28,3 × 35,5 cm

TAURANT - BAR
Rialto
DELICATESSEN

«Nun, von Fortune bekomme ich 100 Dollar», sagte ich, worauf sie mir antwortete: «Wir bezahlen Ihnen natürlich gleich viel.» Das war damals mein Spitzenpreis. Nun, wenn die Redaktorin nicht auf die 100 Dollar von «Fortune» eingestiegen wäre, hätte ich gesagt, 50 Dollar von «Life». Und wenn ich keine Antwort bekommen hätte, hätte ich gesagt, 25 Dollar von «Look». Ich wäre bis auf 5 Dollar heruntergegangen. Aber diesmal 100 Dollar, und ich bekam sie...

Roboter
35,5 × 28,3 cm

Bei Acme Newspictures arbeitete ich hauptsächlich in der Dunkelkammer. Ich wohnte immer in der Nähe der Agentur, denn wenn es in den frühen Morgenstunden einen Brand oder einen Mord gab, wurde ich benachrichtigt. Ich machte Aufnahmen vom Brand oder von Mordopfern, dafür bekam ich dann 5 Dollar extra. Nun könnten Sie fragen, weshalb ich nicht voll als Photograph arbeitete, was gesellschaftlich, finanziell und so weiter viel lohnender gewesen wäre. Weil ich ein Nonkonformist bin.

Opernpublikum in der Met (Infrarot)
27,0 × 34,0 cm

In der Dunkelkammer sind gute Leute sehr selten, Photographen kriegt man immer – alle arbeitslosen Schauspieler werden Photographen. Arbeitslose Schauspieler erkennt man immer, man trifft sie in einem Delikatessengeschäft, sie kaufen einen halben Liter Milch und eine Schachtel Ingwerkekse, davon leben sie eine Woche lang. Und dabei üben sie Marlon Brando, indem sie seitlich aus ihrem Mund murmeln.

Schlafender Mann
35,6 × 28,5 cm

MUSIC
MUSIC CO.
2ND AVE.
RECORDS

Einmal tauchte ein Mann mit einem Negativ auf. Es war Calvin Coolidge, es war das erste Bild, das mit Hilfe der Telefondrähte übermittelt wurde. Mit anderen Worten, die Telefongesellschaft hatte ein Verfahren erfunden, mit dem sie ein Bild von einem Punkt des Landes an einen anderen senden konnte. Dies eröffnete der Pressephotographie die Möglichkeit, Bilder binnen kürzester Zeit im ganzen Land zu verbreiten. Da war ein grosser Kampf, Dempsey oder jemand kämpfte, und es ging darum, wer zuerst mit dem Negativ im Büro der Telefongesellschaft an der Walker Street ankam, sie drahteten es ins ganze Land hinaus. Das Pressezentrum landete einen grossen Coup.

Opernpublikum
25,9 × 33,0 cm

Einmal kam jemand, und sie hatten die erste Blitzlichtlampe. Damals benützten wir noch Pulver. Das waren die erinnerungswürdigen Tage meiner Karriere. Der Tag, an dem ich das erste Funkbild machte, ein Photonegativ übermittelte. Der Tag, an dem ich die Blitzlichtlampe bekam. Übrigens, nachdem die Telefongesellschaft dies viele Jahre lang gemacht hatte, verkaufte sie das ganze Verfahren an Associated Press Photos, und Associated Press schlug daraufhin zwei Jahre lang all ihre Konkurrenten, Acme und International, bis auch International ein eigenes System bekam und es an Acme Newspaper verkaufte.

Rassentrennung in Washington, D.C.
28,4 × 35,4 cm

Einmal übertraf ich mich selbst. Wir machten das in Taxis, und so weiter. Ein Spiel der Baseball World Series wurde ausgetragen. Ich war am Lift, an der Metro-Station, ich glaube, es war auf dem Polofeld oder im Yankee-Stadion, ich stieg in die Untergrundbahn ein, schloss mich in die Kabine des Wagenführers ein, jeder Zug hat eine Kabine für den Wagenführer, und ich entwickelte das Negativ.
Ich erreichte als erster die Walker Street, ein weiterer Knüller für Acme News.

Versuch, sich warmzuhalten
35,4 × 28,6 cm

Ich werde nie vergessen, wie ein sehr nettes Paar zu mir sagte: «Mr. Weegee, wie kommen Sie denn an die Namen und Adressen für Ihre Aufnahmen heran?» Ich sagte: «Sehr einfach. Wenn man eine Aufnahme macht, wollen die Redaktoren natürlich wissen, wer die Leute sind, sie wollen Freigaben bekommen. Ich bekomme nicht nur Namen und Adressen, sondern auch ein paar gute Telefonnummern.»

Macys Parade
33,9 x 27,2 cm

TAVERN

Ich gehe und mache eine Blitzaufnahme mit künstlichem Licht, so dass es aussieht, als wäre es bei Tageslicht gemacht. Aber auch mit Blitzlicht, wenn der Blitz losgeht, sind die Leute nun herausgerissen. Ich spreche mit ihnen, ich bekomme ihre Namen, ihre Adressen und eine Freigabe. Die meisten Zeitschriften verlangen eine Freigabe vom Pärchen, das sich da liebt oder küsst, und so fühlt sich das Pärchen, das ich beim Küssen photographiere, sehr geehrt, sie kommen sich vor wie Filmstars oder so, weil ich gerade sie ausgewählt habe. Ich bekomme mein Bild, und Bilder wie diese lassen sich immer und immer und immer wieder verkaufen.

Publikum einer 3D-Filmvorführung
34,2 × 27,2 cm

Einmal wurde ich vom Columbia Lecture Bureau für einen Vortrag ausgeschickt, sie schicken mich überallhin. Schliesslich kam ich nach Boston, ein unmöglicher Ort, nichts läuft in Boston, der einzige zivilisierte Fleck des Landes. Jedenfalls trete ich vor einem Frauenclub auf und halte einen kleinen Vortrag mit Dias. Dann beklagen sie sich beim Columbia Lecture Bureau. Erstens: Mein Vortrag war nicht lang genug. Zweitens: Er war zu gewagt, und dann wollten sie etwas von ihrem Geld zurückhaben, weil er nicht lange genug war.

Gemüsehändler
35,4 × 28,9 cm

Die Mord GmbH hatte früher eine Garage in Brooklyn, wo sie einen vielversprechenden, na ja, Rekruten fanden, man könnte sagen, so eine Art stellvertretenden Geschäftsführer. Sie setzten ihn auf ihre Gehaltsliste und brachten ihm das Schiessen bei, mit anderen Worten, sie machten Zielübungen in der Garage in Brooklyn. Wohlgemerkt, das waren die Anfangszeiten, bevor sie effizient wurden. Einmal legten sie diesen Typ an der East Side um, und anstatt die Leiche liegenzulassen – wissen Sie, es ist das beste, sie liegenzulassen, mitsamt dem Schiesseisen, so dass niemand eins hat, falls die Polypen einen erwischen –, heuerten sie zwei Typen aus der Gegend an, zwei Trottel, um die Leiche loszuwerden. Die zwei Typen, denen sie 2 Dollar pro Person versprochen hatten, beschafften sich einen Karren, eine Art Kinderwagen, wie ihn die Leute an der East Side zum Spazieren mitnehmen. Sie legten die Leiche in den Kinderwagen und machten einen kleinen Bummel zum East River, um die Leiche hineinzuwerfen. Ihr Weg führte am Polizeirevier vorbei, es war kurz nach Mitternacht, und alle Polypen kamen heraus, um die Mitternachtsschicht anzutreten. Die beiden wurden erwischt und eingebuchtet. Nicht wegen Mord, sondern weil sie illegal eine Leiche transportiert hatten. Offenbar braucht man dafür eine Genehmigung.

Konzert der Heilsarmee im Kneipenviertel
25,3 × 20,6 cm

THE
SALVATION

Manhattan, das war mein Territorium. Brooklyn, das war mir vollkommen egal, denn Brooklyn ist die Heimat der «Brooklyn-Home-Girls». Sie sind Märtyrerinnen für eine verlorene Sache, die Jungfräulichkeit. Sie sind unmöglich. Drum ging ich nie nach Brooklyn, und ich werde nie nach Brooklyn gehen.

Sängerin bei «Sammy's» in der Bowery
33,2 × 27,1 cm

Ab ungefähr fünf Uhr haben wir die sogenannten Trockentaucher, mit anderen Worten Leute, welche die ganze Nacht aufbleiben, Männer und Frauen. Sie haben alle möglichen Schwierigkeiten, finanzielle, Liebe, Einsamkeit, Krankheit, und so weiter. In den frühen Morgenstunden ist ihr Widerstand auf dem Tiefpunkt angelangt, und dann springen sie aus dem Fenster. Wenn man Geld machen und ein luxuriöses Leben führen will, und das ist besser als ein Gangsterfilm, wird man Pressephotograph. Wenn ich Pressephotograph sage, will ich damit nicht sagen, man solle bei einer Zeitung arbeiten. Die Zeitungen sind sehr heikel, da ist keine Zeit. Man nimmt die Kamera hoch, macht seine Aufnahmen, ganz gut konnte man dies so machen, ich ging zum Times Square, die Leute schauen zu den elektrischen Anzeigen mit den Nachrichten hinauf, ich photographierte unbekannte Leute, und alle mochten das.

Ostersonntag in Harlem
26,8 × 19,4 cm

BAR GRILL

Als ich hinkam, war es sehr kalt, finstere Nacht. In der warmen Halle des Opernhauses waren 24 Photographen, einige von ihnen im Smoking. Sie schauten verächtlich auf mich herab, als ob sie sagen wollten, übernimm du die grosse Masse, wir kümmern uns um die grosse Gesellschaft. Ich blieb eine Weile in der warmen Halle, die Gesellschaft traf ein, sie machten Aufnahmen, und ich fragte, wer das sei. Sie gaben mir nicht einmal die Namen. Ich bin auf jeden Fall ein Nonkonformist, denn wenn einer eine Blitzlichtaufnahme schoss, zückten alle anderen auch ihr Blitzgerät, und so beschloss ich, zum Teufel mit diesem Blödsinn, und ging hinaus. Da war ich nun draussen in der Kälte, ganz allein. Eine Limousine, ein Rolls Royce, fuhr in der Dunkelheit vor, und ich roch die Blasiertheit förmlich, als zwei Damen ausstiegen. Ich hatte meine Kamera auf 5 m eingestellt und schoss rasch eine Aufnahme.

Mrs George Washington Kavanaugh
28,5 × 35,6 cm

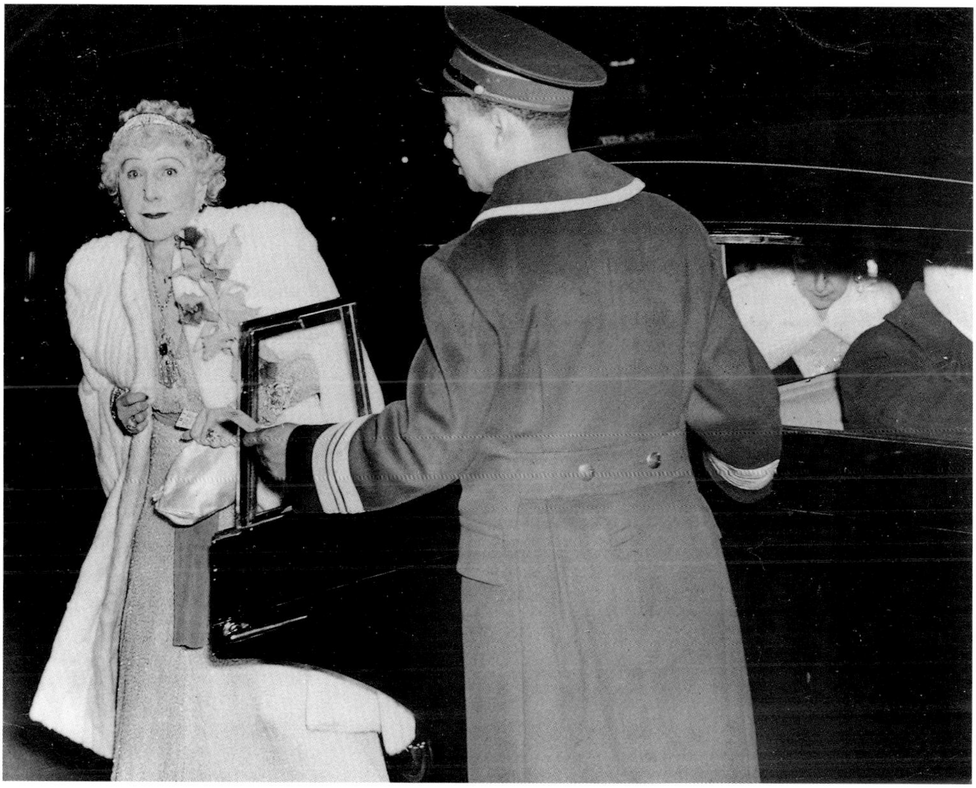

Gypsy Rose Lee überraschte mich sehr. Eines Morgens ereignete sich ein Juwelenraub, und ich ging mit einem Glitzern in meinen Augen zu jenem Haus. Ich rechnete mit... – nun, das war in Gypsys Striptease-Zeiten. Und Gypsy Rose Lee warf mir einen Blick zu und sagte: «Keine Cheesecake-Aufnahmen, bitte, Weegee.»

Transvestit
34,5 × 26,8 cm

P.D.

Ich warte, bis Jack Legs Diamond herauskommt, ich nehme ihn auf, wir grüssen uns, und das ist es. Dies ist der Mann, der die Grossen gemacht hat. Mit anderen Worten, die Leute, die in Spitzenpositionen waren, wie Präsidenten, Königinnen, Gangster, und so weiter, die machen einem nie Schwierigkeiten. Ich photographierte alle. Von Ethyl, der Königin der Bowery, bis zur Königin von England, alle Präsidenten, einfach alle.

Clown Jimmy Armstrong
25,3 × 20,6 cm

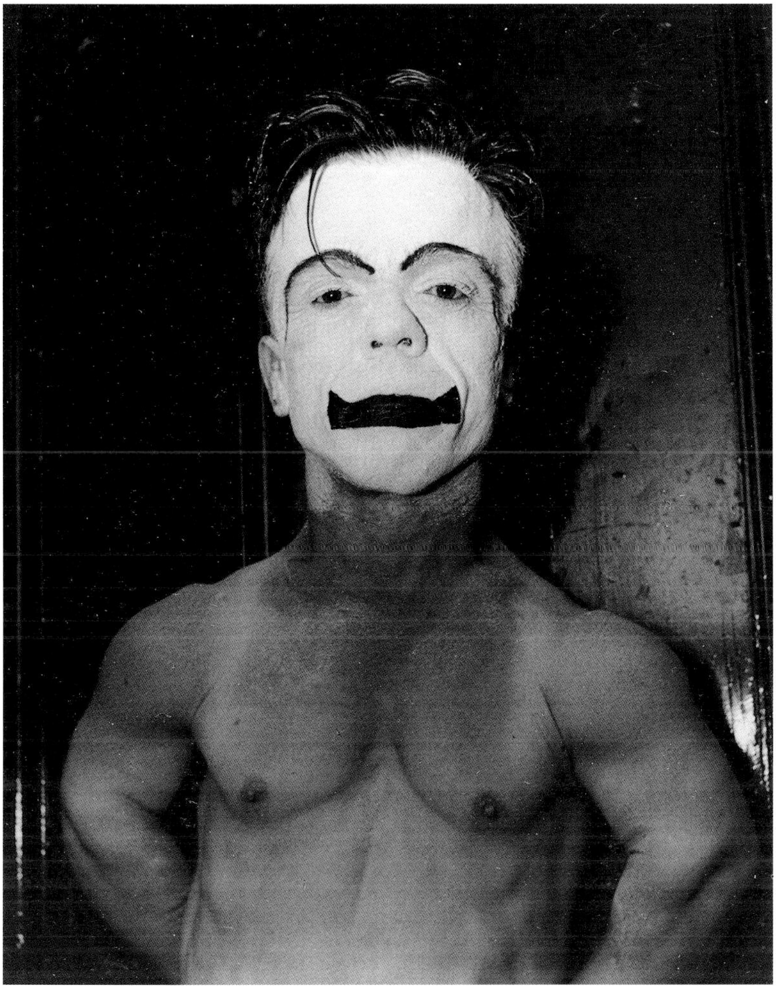

Und es war, ich weiss nicht, wie ich es nennen soll, es war wie ein... Ich war der inoffizielle Geschichtsschreiber der Stadt. Wirklich, die meisten Leute, die ich photographierte, wurden letzten Endes umgelegt. Es war eine tödliche Kamera. Jeder Gangster, Dutch Schultz, Jack Legs Diamond, Winston Cole, ich photographierte sie lebend, und ich photographierte sie tot.

Polizistenmörder
33,0 × 26,5 cm

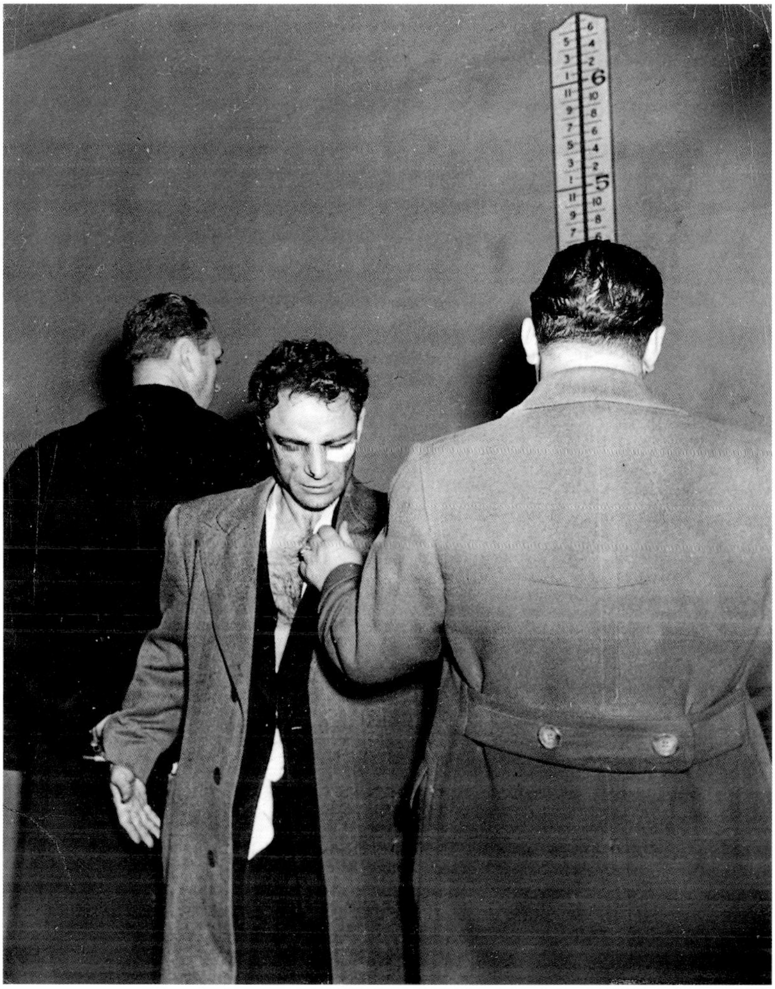

Viele Leute haben versucht, verschiedene Dinge vor einer Kamera zu verbergen, aber meine Kamera war wie ein Röntgenapparat, ich will sagen, sie sah zehn Jahre lang das Gute und Böse in der Stadt. Vor allem in der Nacht, wo alles mehr oder weniger unter dem Mantel der Dunkelheit verborgen war, aber ich deckte es auf. Wenn zum Beispiel ein Polyp, ein Feuerwehrmann oder ein Polyp mit grossem Einsatz ein Menschenleben rettete, zeigte ich es. Wenn ein Gangster umgelegt wurde, zeigte ich es. Ich zeigte, dass Gangster eben so enden. In der Gosse.

Erkennungsdienst
26,9 × 33,8 cm

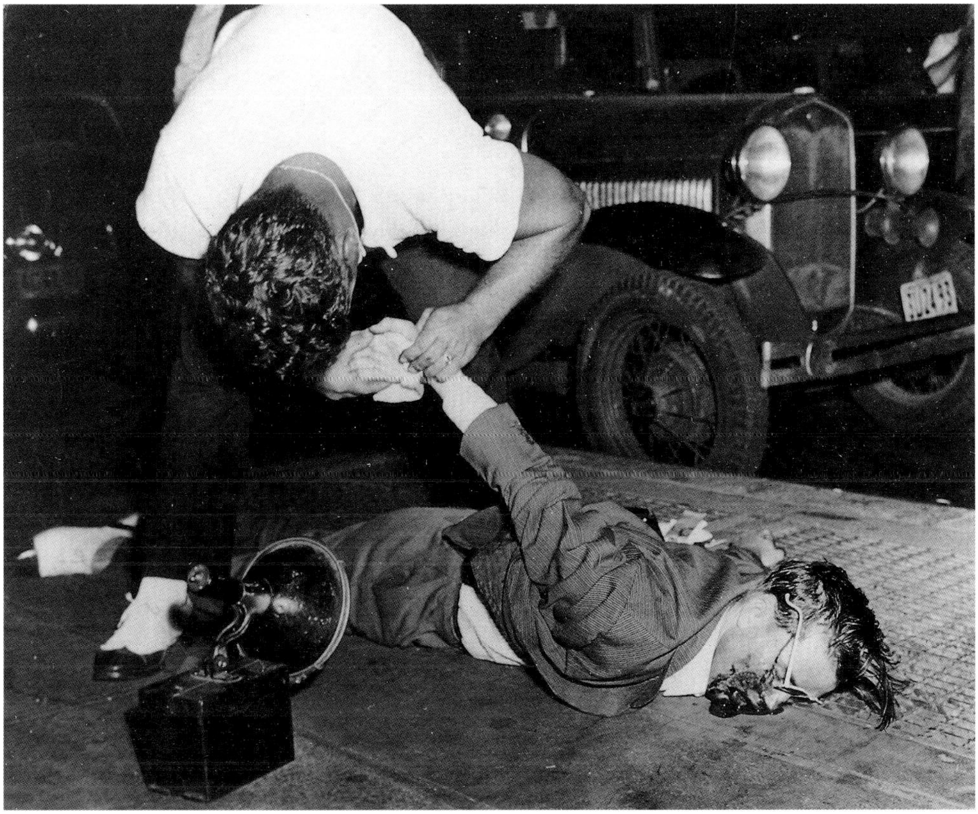

Eine Mutter kam nach Hause. In der Küche fand sie ihre siebzehnjährige rotblonde, blauäugige Tochter, die mit ihrem Freund Liebe machte. Als die Mutter protestierte, nahmen die beiden eine Axt und schlugen der Mutter auf den Kopf, hack, hack. Die Mutter wurde umgebracht, die Täter verhaftet. Die perfekte Voraussetzung für eine Story. Aber dies geschah irgendwo in Jersey, wo immer das auch ist. Meine Welt liegt zwischen der 42. und der 47. Strasse, zwischen der Fifth und der Eighth Avenue. Nein, ich ändere das, zwischen der Seventh und der Eighth Avenue. Um eine Aufnahme der beiden zu machen, fuhr ich mit dem Auto nach Jersey. Ich ging ins Gefängnis und bat den Wärter, mir das Pärchen zu bringen. Er brachte die blauäugige Blonde und ihren Kerl, und ich sagte, sie sollen sich umarmen und mich die Liebe in ihren Augen sehen lassen.

«Ivey Bar Hotel», Übername der Ausnüchterungszelle im Gefängnis von Los Angeles
34,2 × 27,3 cm

Eines Abends fahre ich am Park Central Hotel vorbei; das ist ein sehr berühmtes Hotel, dort liessen sich die besten Spieler photographieren und tun es auch heute noch. Was an jenem Abend geschehen war? Ungefähr um 9 Uhr war die Hauptwasserleitung geplatzt. Jetzt ist es 12 Uhr, alles ist wieder in Ordnung, und niemand ist da. Und so denke ich bei mir, wenn dieses Ding in die Luft gehen würde, bekäme ich ein wunderschönes Bild. Dies ist eine blosse Gedankenspielerei, aber ich stelle meine Kamera, eine Graphic 45, mit dem Stativ auf. Ich nehme eine Blitzschale und gebe zwei Unzen Blitzpulver hinein. Damit könnte ich eine ganze Stadt aufnehmen, die in Schutt und Asche zerfällt. Ich warte genau gegenüber dem Park Central Hotel. Ich sage mir, wenn du in die Luft gehst, dann geh in die Luft. Und in der Tat: Bingo! Weisser Rauch quillt hervor, aus allen 20 Stockwerken des Park Central Hotels. Ich habe meine Aufnahme, ein paar Menschen wurden verletzt, ich montiere mein Blitzgerät und photographiere Mädchen, die in Krankenwagen abtransportiert werden.

«O Sole Mio», Mord in Little Italy
33,7 × 26,9 cm

O SOLE MIO!
SCUNGILLI
SEA FOOD

So pflegte ich es anzustellen. Aber aufgepasst, ich ging nicht einfach hinaus und machte Aufnahmen aus Spass an der Freude; es musste eine Story sein, eine Story für die Titelseite, wissen Sie, grosse Schlagzeilen. Und dazu würden sie natürlich Bilder haben wollen. Alles, was es brauchte, war ein bisschen Köpfchen, und das war nicht allzu schwierig, meine ich.

Auf dem Weg zur Wäscherei ermordeter Hafenarbeiter
27,0 × 33,9 cm

Und nun wollen Sie etwas über Pressephotographie wissen. Oh ja, ich war früher Experte für Mord und Autodiebstähle, aber ich arbeitete mich von steifen, kalten Leichen zu schönen, warmen Körpern empor, und das liebe ich. Meinen ersten kleinen Vorgeschmack – und das ist nun wirklich kein Witz – bekam ich als offizieller Photograph in einem Nudistencamp. Wenn Leute kommen und sich um die Mitgliedschaft bewerben und so weiter, dann zeigen ihnen die vom Nudistencamp Aufnahmen von dem, was sich im Lager so abspielt. Meine Aufgabe war es, die Werbeaufnahmen zu machen und den Leuten bei ihren Photoproblemen zu helfen.

Ein Feuerwehrmann mit einer Rauchvergiftung wird im Vorratsraum gepflegt
33,5 × 36,5 cm

Und ich beschloss, der Beruf als freier Photograph habe eine Zukunft. Ich würde nicht zu Acme in die Dunkelkammer zurückgehen, ich würde weiterhin als freiberuflicher Photograph arbeiten. Man könnte also sagen, der Axt-Mord sei der Wendepunkt gewesen. Ich garnierte über 100 Dollar mit diesen Aufnahmen, die nur ich hatte. Natürlich ist die Pressephotographie nur ein Sprungbrett zu etwas Grösserem. Alles, egal was man tut, sollte ein Sprungbrett sein. Ich glaube nicht an eine lebenslange Laufbahn, man tut etwas für den Rest seines Lebens.

«Ist das eine Seuche?»
35,5 × 28,3 cm

BOOKS

Wie ich schon sagte, neben Walther Winchell war ich der einzige Zivilist, der in seinem Auto Polizeifunk haben durfte; und dies bedeutete viel für mich. Anstatt am Fernschreiber im Polizeihauptquartier zu kleben, konnte ich die ganze Nacht durch die Strassen fahren. Man könnte sich fragen, warum es die anderen Zeitungen nicht auch so machten. Weil sie ihren Photographen nicht trauten, sie wollten sie hinter ihrem Schreibtisch haben und sie einer Menge unsinniger Storys hinterherjagen lassen. So kam es so weit, dass jedermann einmal in meinem Auto mit Polizeifunk mitfahren musste, das war etwa so, wie wenn man das Empire State Building anschauen müsste.

Leichen aus einem brennenden Haus
22,6 × 28,4 cm

SMILING

Um diese Zeit kam mein erstes Buch heraus, «The Naked City», das auch Filmleute wie Mark Hellinger sehr schnell in die Finger bekamen, und so beschloss ich, nach Hollywood zu gehen, wo es keine Mordbanden gab. Der Polizeichef gab für mich im Hauptquartier eine Party, ich selbst gab in meinem kombinierten Liebesnest und Kriminalmuseum eine Party, und so ging es hin und her. Dann gingen wir ins Büro des Polizeichefs, und sie schenkten mir eine sehr schöne Ledertasche.

Der «Tortenschachtel»-Mord
32,9 × 26,1 cm

Ich bin jetzt in Hollywood, ich fühle mich irgendwie deprimiert. Morde gab es sehr wenige, und es lohnt sich nicht, darüber zu berichten. Ich bin also im Hollywood Knickerbocker Hotel und erhalte einen Anruf von den RKO Studios, sie sagen mir, sie drehen einen Film mit dem Titel «Jedes Mädchen sollte verheiratet sein». Eine der Szenen wird in San Francisco spielen, und die Rolle des Photographen sei noch zu besetzen, ob ich die Rolle spielen wolle. Als ich zusagte, erklärte mir das Studio, es gebe viele Schauspieler, die in Hollywood Arbeit suchten, wenn ich die Rolle bekäme, würden sie von mir erwarten, dass ich ein paar Aufnahmen machte, während der Film gedreht werde, und auch ein paar Storys darüber; mit anderen Worten, Hollywood ist das Land, wo ich dir den Rücken kratze, wenn du mir den Rücken kratzst. So läuft es in Hollywood.

Nach dem Feuer
26,8 × 34,1 cm

dexo

Zum Beispiel begehen sie in Hollywood einen Mord, sie verfrachten den Kerl in ein Fass und bringen ihn zum Totensammelpunkt. Bis man dort ist, stinkt die ganze Story, einschliesslich des Typen, der umgelegt worden ist; mit anderen Worten, es fehlt der Hauch von Finesse, den ein guter Mord haben sollte. Also konnte ich mich in Hollywood nicht mehr mit Mordgeschichten befassen, aber ich bemerkte dort etwas, das mich auf eine vollkommen neue Laufbahn brachte. In Hollywood versucht jede Mutter, für ihre Kinder einen Studiovertrag zu bekommen. Normalerweise ist das kleine Mädchen ungefähr sechs oder sieben Jahre alt – in diesem Alter beginnen sie Büstenhalter zu tragen, das ist eine Tatsache, ich meine, ein Regisseur beklagte sich darüber, er sagte, er habe Mädchen interviewt und sie seien alle mit Büstenhaltern gekommen. Und nicht nur das, die Mütter und Väter haben Nacktaufnahmen ihrer kleinen, sechs- oder siebenjährigen Mädchen bei sich und zeigen sie jedermann auf die leiseste Andeutung hin. Mit anderen Worten, die Idee ist, ein Baby zu haben und einen Filmvertrag zu bekommen.

Ihr erster Mord
20,5 × 20,3 cm

Und dann hörten wir, das Life Magazine schicke einen Photographen her. Wir nahmen alle an, es sei wegen Betsy Drake, weil dies ihre erste Rolle in einem Film war. Also kam der Photograph von Life, natürlich mit seinem Ermittler – ein Life Photograph kommt durchaus ohne Kamera zur Arbeit, aber nie ohne einen Ermittler. Der Photograph von Life sagt, er wolle Weegee photographieren, nicht Betsy Drake, und so machten sie in der Tat eine Reihe von Aufnahmen von mir. Das war meine erste Filmrolle.

Sommer in der Lower East Side
ca. 25,5 × 32,8 cm

Im Gegensatz zu Grandma Moses, die einen sehr schlechten Einfluss auf die amerikanische Kunst ausübte, gehe ich nicht einfach hinaus und übe mit Landschaften, ich photographiere gern Studien des Körpers, Akte. Aber dies ist ein sehr hochtrabender Ausdruck, Studien des Körpers, und als ich dann in Hollywood war, wurde für mich ein Traum zur Wirklichkeit. Schöne Frauen rund um einen herum. Wie ich sie in den Zeitungen beschrieb, sie zitierte, hatten sie guss-eiserne Büstenhalter und Kugellagerhüften, die sich die ganze Zeit drehen. Amerikanische Bewegung.

Kinder auf der Feuerleiter
35,6 × 28,3 cm

Oh nein, ich habe überhaupt nichts dagegen, meine Show abzuziehen, wenn ihr Charlie Chaplin dort habt. Charlie Chaplin ging nie an eine Premiere in Hollywood, aber zu dieser ging er. Ich zog meine Show ab, und er war dort. Als ich ihn fragte, was er von meinen Aufnahmen halte, sagte er, und ich weiss seine Worte noch genau: «Das Beste, Schönste und Gefühlvollste, was ich je auf Film gesehen habe.»

Schaulustige
26,7 × 34,5 cm

Eines vergesse ich nie. Als ich ganz neu in Hollywood ankam, gab Gene Kelly an einem Sonntag bei Nathan eine Party für mich. Ich werde das nie vergessen, Gene Kelly ist ein sehr netter Kerl, er begrüsst mich an der Tür, er tanzte so richtig zur Tür, als ich läutete. Die ganze Nacht über kamen immer wieder Leute: Humphrey Bogart und, lassen Sie mich nachdenken, Eddie Albert, Mark Owen. Ich werde nie eine Party vergessen. Da war zum Beispiel ein Mädchen, das in der Gesellschaft in Hollywood aufsteigen wollte. Sie beschloss, eine grosse Party zu meinen Ehren zu schmeissen, weil sie sich ausrechnete, es würden alle Stars hinkommen.

«Simply add boiling water» – man füge einfach kochendes Wasser hinzu
27,9 × 25,3 cm

PRODUCTS CO
SIMPLY ADD BOILING WATER
KITCHEN
AMEKO PRODUCTS
AMBULANCE

Ich traf alle möglichen Typen, natürlich war «Sammy's» in der Bowery mein Hauptquartier. Wie O'Henry in einer anderen Bar hatte ich meinen eigenen Tisch, auf dem mein Name eingeritzt war. Ich machte viele Aufnahmen für «Sammy's», ja ich machte das Lokal eigentlich berühmt. Ich photographierte die Leute, die zu «Sammy's» kamen, nicht die Typen von «Sammy's» Stammkundschaft, die Leute aus den nördlicheren Stadtteilen fand ich viel interessanter. Ausser einer Frau, und das war Ethyl. Sie war die Königin der Bowery, und ich beschloss eines Abends, von ihr eine Aufnahme mit ihrem Freund Al zu machen, wissen Sie, an einem Tisch; anstatt Champagner tranken wir Bier, und Ethyl hatte zwei veilchenblau geschlagene Augen.

«Ich weinte, als ich diese Aufnahme machte»
27,0 × 35,5 cm

Ich bin sehr heikel bei Betrunkenen, erst kürzlich verkaufte ich dem «American Weekly» eine Aufnahme, eine meiner alten Aufnahmen, 75 Mäuse für einen Betrunkenen. Aber diese Säuferaufnahme hatte Charakter – lachen Sie bitte nicht – wie ich schon gesagt habe, Redaktoren sind sehr heikel, sie sind immer heikel, selbst bei einer Aufnahme von einem Betrunkenen. Nehmen Sie nun die Aufnahme, die ich dem «American Weekly» für 75 Mäuse verkauft habe, nun, da ist ein Betrunkener, er hat viel Charakter, erstens, man kann sein Gesicht nicht sehen, als ob er in einer zu niedrigen Tür stünde, was den Redaktor sehr glücklich machte, sehen Sie, weil die Rechtsabteilung dieses Bild beurteilen muss.

Ein Mietshaus in New York City steht in Flammen
33,8 × 26,8 cm

Um also auf die guten Photographen zurückzukommen, ich habe sie alle kennengelernt, es war eine liberale Ausbildung; so zum Beispiel traf ich nicht nur, sondern photographierte auch Yousuf Karsh, Philippe Halsman, Henri Cartier-Bresson, Margaret Bourke-White, jeden Photographen, der Ihnen nur einfällt – alle, aber wen ich nicht ausstehen kann, sind diese lausigen Photographen, ich glaube, ich habe schon von diesen Zahlen und Typen gesprochen. Der letzte Schrei ist, dass sie jetzt das benützen, was sie eine Subminiatur-Kamera nennen, 16 Millimeter.

Nächtliches Lager auf der Feuerleiter
28,5 × 35,5 cm

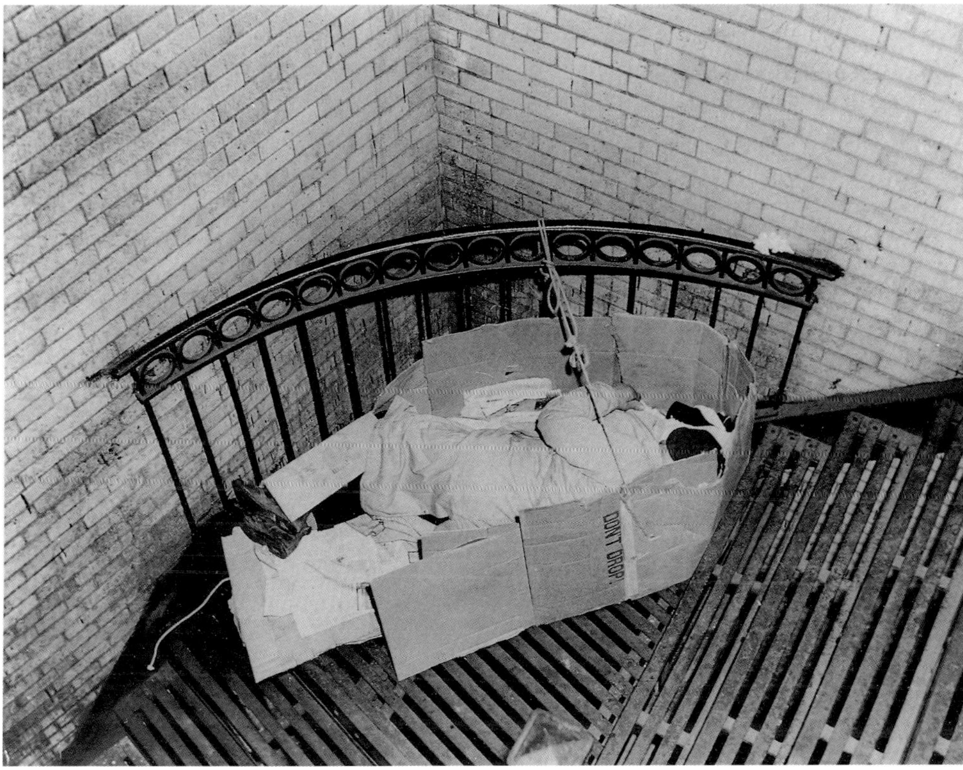
DON'T DROP.

Ich bekam jede Kamera, von der man nur träumen kann. Tatsächlich war es in den alten Zeiten sehr einfach. Ich hatte eine Kamera, eine Speed Graphic, das war es. Mit dieser Kamera photographierte ich alles, vom entlaufenen Baby – nein, vom verlorenen Baby – bis zum entlaufenen Elefanten, ein Erdbeben, eine Revolution, Billy Graham, Grandma Moses. Aber heute, was für eine Kamera soll ich nehmen? Manchmal ist das Licht weg, bis ich dieses Problem gelöst habe. Die Fabrikanten bestehen darauf, mir ihre verflixten Kameras zum Ausprobieren zu schicken. Und das gefällt mir. Ich schicke die Kameras nie zurück, wenn ich sie ausprobiert habe; aber das ist eine andere Geschichte.

Selbstporträt
27,0 × 33,8 cm

還我河山
張坤儀
WEEGEE
THIRD AWARD
FLIT